LA CONQUÊTE DU MOGOL

PAR THAMAS KOULI-KAN,
ROI DE PERSE,
ET SON TRIOMPHE.

SPECTACLE

Qui sera représenté, pour la première fois, au Palais des Tuileries, sur le grand Théâtre de la Salle des Machines, accordée au Sieur Servandoni, Chevalier de l'Ordre de Christ, Peintre & Architecte ordinaire du Roi & de son Académie Royale, premier Architecte Décorateur de S. M. Polonoise, Electeur de Saxe.

Le Dimanche 4 Avril 1756.

Prix 12 sols.

Ce Programe se trouve chez Madame SOUBFRA, qui loue aussi les Loges, Cour des Suisses au Palais des Tuileries.

A PARIS,

De l'Imprimerie de J. CHARDON, rue Galande, à la Croix d'or.

M. DCC. LVI.
Avec Approbation & Permission.

LES Entrepreneurs *de ce Spectacle ont regardé la conquête du Mogol par Thamas Kouli - Kan comme un des sujets les plus susceptibles des différentes beautés que demande ce genre de spectacle, en ce que tout y est Action & Tableau.*

Ils ont aussi pensé que cette représentation pourroit être d'autant plus agréable au Public, qu'elle offrira la peinture & le costume d'un païs extrémement éloigné de nous, & dont la richesse annonce la magnificence.

Pour traiter ce sujet avec plus de vérité, ils ont fait des recherches exactes dans toutes les Bibliothèques & les Cabinets les plus curieux de Paris. M. Duplex, lui-même, a bien voulu leur communiquer des Mémoires sur ce grand Empire, & divers modèles.

Les Entrepreneurs se sont attachés à traiter ce sujet avec toute la richesse & la magnificence qu'il a été possible d'employer.

Pour y parvenir ils ont, de concert avec

M. le Chevalier Servandoni, choifi les Sieurs Guillet, Moulin & Deleufe, qui étoient à l'Opéra, pour compofer, exécuter les décorations & machines de ce Spectacle ; la Mufique eft de la compofition du fieur Alexandre.

LA CONQUÊTE
DU MOGOL

PAR THAMAS KOULI-KAN,

ROI DE PERSE,

ET SON TRIOMPHE.

THAMAS KOULI-KAN, après avoir foumis le Candahar, qui s'étoit révolté, découvrit que les Aguans avoient été excités à la rébellion & foutenus par l'Empereur du Mogol, contre la foi des Traités. Cette infulte lui infpira le deffein de s'en venger, & de porter la guerre au fein de cet Empire.

ACTE PREMIER.

*Le Théâtre repréſente un Camp magnifi-
que à la maniere des Perſans. On diſ-
tingue la Tente du Roi, par ſa richeſſe
& ſa magnificence. Dans l'éloignement,
& ſur une côte ſe découvre la ville de
Candahar. Le moment de la Scène eſt
au point du jour; des vapeurs s'élevent
& ſe diſſipent, & l'Aurore s'annonce
par une gradation inſenſible de lumière,
& par une Muſique analogue.*

LES Officiers Généraux vont prendre
les ordres du Roi. Il fait battre la Générale
pour paſſer ſes Troupes en revûe. Les
Soldats ſe lèvent, prenent les armes, ſe
raſſemblent chacun ſous leurs drapeaux,
& bordent la haye lorſque le Roi ſort de
ſa tente.

Dans ces entrefaites arrive l'Ambaſſadeur du Grand Mogol, accompagné de
ſa Cour, & ſuivi d'Eſclaves conduiſant
des chevaux chargés de préſens. Le Roi
le reçoit à la tête de ſon Armée.

L'Ambaſſadeur propoſe la paix & un nouveau Traité d'alliance entre les deux Nations. Le Roi lui fait réponſe qu'après les dernieres infractions, c'eſt avec ſon Empereur qu'il veut traiter, qu'il va le chercher, & qu'il peut remporter ſes préſens. L'Ambaſſadeur ſe retire ſurpris & confus d'une réponſe ſi fière.

Le Roi paſſe ſon Armée en revûe, fait connoître ſes deſſeins ſur le Mogol, flatte ſes ſoldats & les encourage par l'appas des richeſſes que leur promet cette opulente contrée.

Les Soldats témoignent leur joye & leur empreſſement. L'Armée décampe.

ACTE SECOND.

Le Théâtre repréſente la plaine où coule le fleuve Indus. Sur le bord de ce fleuve on découvre des cabannes de Pâtres & de Pêcheurs. Cette campagne couverte d'arbres, de fruits & d'autres productions du païs, eſt terminée par un lointain.

UNE partie de l'Armée Mogole arrive auprès du fleuve & le borde pour en défendre le paſſage. L'Armée Perſane arrive de l'autre côté & ſe diſpoſe à paſſer le fleuve, tandis qu'avec un Corps de troupes le Roi remonte par des routes ſecretes du côté de la ſource ; il paſſe ſans obſtacle & vient fondre ſur l'ennemi, qui, ſaiſi de frayeur, fuit en deſordre. Le Roi commande à une partie de ſes Troupes de pourſuivre les fuyards, qui vont porter l'épouvante juſqu'à Déhly, Capitale de l'Empire, pendant que l'autre paſſe ſur des bateaux. Il diſpoſe enſuite ſon Armée pour la faire marcher vers cette Capitale.

ACTE TROISIEME.

Le Théâtre repréfente la ville de Déhly, & quelques vûes de Jardins ; d'un côté on apperçoit une partie d'une grande avenue, qui conduit de Lahor à Déhly. Les fuyards furviennent en foule, & annoncent que l'ennemi a paffé le fleuve & les fuit de près. Les Mogols garniffent les retranchemens qui défendent la Ville, & les Pons-levis fe lèvent. Le Roi arrive avec fon Armée.

MIRZA MAMOULOUK, Général de l'Armée Mogole, s'avance, fuivi de quelques Officiers ; il vient faire des propofitions de paix, & offrir des préfens de la part de l'Empereur.

Le Roi le reçoit avec bonté, écoute fes propofitions, & convient avec lui des articles du Traité.

Mirza Mamoulouk part enfuite pour rendre compte du fuccès de fa négociation à l'Empereur, qui, féduit pendant fon abfence par les confeils de fes Eunu-

ques & de ſes courtiſans, deſapprouve le
Traité conclu par Mamoulouk, ſous pré-
texte qu'il a paſſé les bornes de ſes pou-
voirs. Alors Mamoulouk eſt cenſé lui dire
d'un ton ferme : Empereur livrez donc la
bataille avec vos Conſeillers ; puis il part
bruſquement pour retourner à l'Armée
Perſane. Lorſqu'il eſt devant le Roi, il fait
entendre, par ſon geſte, les paroles ſuivan-
tes : » Prince, je vous apporte ma tête, j'a-
» vois engagé ma parole de faire ratifier
» par l'Empereur, mon Maître, le Traité
» que j'avois fait en ſon nom, il le refuſe,
» diſpoſez de ma vie. «

Le Roi irrité commande qu'on le charge de fers, & donne ordre qu'on attaque
les retranchemens & la Ville. Auſſi - tôt
un feu conſidérable d'artillerie ſe fait entendre.

Mamoulouk, à qui l'Empereur effrayé
a fait dire dans ſa priſon qu'il reconnoît
la faute qu'il a faite de ne pas ſuivre ſes
ſages conſeils, & que s'il voit encore
jour à ſauver ſa Patrie, il peut tout pro-
mettre, fait ſupplier le Roi de lui accor-

der un dernier entretien. Le Roi y con-
fent.

Mamoulouk arrive devant lui & le con-
jure, les larmes aux yeux, de fufpendre,
pour un jour feulement, l'effet de fa co-
lère. Après un inftant de réflexion, le Roi
lui fait entendre qu'il lui accorde fa demande, à condition que fon Maître vien-
dra fur le champ fe mettre en fa difpofi-
tion.

L'Empereur vient fe rendre en effet
au pouvoir du Roi, lequel, lui jettant un
regard furieux, ordonne par un figne de
main de l'éloigner de fa préfence, & de
le conduire en lieu fûr. Il fait enfuite
avancer fon Armée vers les retranchemens, s'en empare, & entre dans la Ville
à la tête de fes Troupes.

ACTE QUATRIEME.

Le Théâtre repréſente l'extérieur, ou l'avant-cour du Palais de l'Empereur, conſtruit en arcades, que les Omrahs, c'eſt-à-dire, les Grands Seigneurs de l'Empire ſont dans l'uſage de décorer, avec de riches étoffes, les jours de Fêtes publiques.

LE Roi arrive en triomphe au bruit des Inſtrumens, monté ſur un Éléphant richement équipé, précédé de ſes Gardes, & ſuivi de ſon Fils & de ſa Cour.

On voit à ſa ſuite l'Empereur, la Princeſſe ſa Fille & les Grands Seigneurs Mogols, chargés de fers. La marche eſt terminée par des Eſclaves, qui conduiſent des chevaux de main richement harnachés, des éléphans armés en guerre, & des chameaux chargés des Tréſors de la Couronne. Le Roi deſcend de ſon éléphant & monte dans ſon palankin.

Le Théâtre change tout-à-coup, & on voit

l'intérieur du Palais, ou la Salle du Conseil appellée le Divan, si remarquable par sa richesse, chaque Empereur s'étant attaché à enrichir ce lieu des choses les plus précieuses. Au milieu est le fameux Trône de Tamerlan, isolé & fermé de quatre côtés par douze colomnes d'or, enrichies d'une quantité considérable de pierreries. Ce Trône est couronné par deux paons, qui, de leurs queuës & de leurs aîles, le couvrent tout entier. Dans l'intérieur de cet édifice est un riche baldaquin.

Le Roi s'avance vers le Trône, y monte, & se fait couronner Empereur du Mogol.

Nadir Ulla Mirza, son Fils, frappé de la beauté de la Fille de l'Empereur, sollicite auprès du Roi sa liberté ; elle lui est accordée, mais cette Princesse la refuse, & proteste qu'elle ne l'acceptera que lorsque son Pere & sa Patrie seront libres ; elle va ensuite avec le jeune Prince se jetter au pied du Trône, & implorer la clémence du vainqueur.

Dans ces entrefaites arrive Mirza Mamoulouk qui se joint à eux pour fléchir le Roi. Touché de leurs prières, il donne la liberté à l'Empereur & à tous les Mogols, faisant entendre que c'est moins à la tendresse de son fils qu'il accorde cette grace, qu'à l'estime particulière qu'il a conçûe pour Mamoulouk ; il lui offre l'Empire, mais ce généreux vieillard le refuse. Le Roi, frappé de cette grandeur d'ame, rend, à sa sollicitation, l'Empire à son vrai Maître, en l'invitant à suivre à l'avenir les conseils de Mamoulouk.

Le Roi & l'Empereur consentent à l'union du jeune Prince & de la Princesse, & les conduisent au bruit des Instrumens dans un palankin. Ils montent ensuite chacun dans un autre, pour les accompagner aux Jardins de l'Empereur où va se donner une Fête.

ACTE CINQUIEME.

Le Théâtre repréfente les fuperbes Jardins du Grand Mogol, où les peuples viennent en foule pour voir arriver les nouveaux Epoux. Ces Jardins font ornés de fleurs, vafes, jets d'eau, cafcades, &c. Dans le fond font plufieurs terraffes en Amphithéâtres, de grands efcaliers conduifant fous une tente magnifique, dreffée au milieu d'un Arc de Triomphe.

LES nouveaux Epoux, le Roi & l'Empereur viennent fe placer.

Viennent enfuite les femmes de la Princeffe, dont les unes portent des corbeilles de fleurs & de parfums, les autres des corbeilles remplies de bijoux.

Les Officiers de la Couronne viennent féliciter les nouveaux Epoux.

La Princeffe leur fait diftribuer à tous des préfens magnifiques.

Le Roi, l'Empereur & les Epoux, après avoir reçû les hommages de toute la Cour & des Peuples, defcendent dans les Jardins.

'Alors l'Arc de Triomphe & la Tente
diſparoiſſent, & font place à une illumi-
nation conſidérable, & d'un nouveau genre, qui termine la Fête.

Lû & approuvé ce 14 Février 1756.

CREBILLON.

Vû l'Approbation, permis d'imprimer, à la
charge d'enregiſtrement à la Chambre Syndi-
cale, ce 26 Février 1756.

BERRYER.

*Regiſtré ſur le Livre de la Communauté des Libraires
& Imprimeurs de Paris, N°. 3673. conformément aux
Réglemens, & notamment à l'Arrêt du Conſeil, du 10
Juillet 1745. A Paris le 27 Février 1756.*

DIDOT, Syndic.

www.ingramcontent.com/pod-product-compliance
Lightning Source LLC
LaVergne TN
LVHW021601170726
843501LV00010B/3816